bibliothèque petits lapins

grand ou petit ?

Avec la collaboration éditoriale d'Evelyne Mathiaud

ILLUSTRATIONS DE DOMINIQUE PELLEQUER

nathan

Sur la couverture de ton livre, tu as vu une maman avec son enfant.
Elle est GRANDE, lui est PETIT.
Nous te proposons de découvrir d'autres « contraires », c'est-à-dire des mots différents et opposés.
Regarde bien la page suivante.
Mathieu a les yeux fermés,
il est profondément ENDORMI ;
observe le chaton sur son lit :
il essaie d'attraper une souris
en caoutchouc,
il est donc bien RÉVEILLÉ !
Amuse-toi à reconnaître ensuite
ce qui est CHAUD, ce qui est FROID,
OUVERT ou FERMÉ.
Tu apprendras aussi des mots
un peu plus difficiles :
LENT, RAPIDE, INTÉRIEUR, EXTÉRIFUR...

Ne faisons pas de bruit...
Chut ! Sais-tu qui est **réveillé**,
qui est **endormi** ?

Mathieu

le chaton

Nous sommes dans ta chambre...
Aide-moi à reconnaître
ce qui est **ouvert**,
ce qui est **fermé**.

la fenêtre

le coffre
à jouets

Regarde les enfants...
L'un d'eux n'est pas très gentil !
Qui a les cheveux **courts,**
qui a les cheveux **longs** ?

Émilie

Julien

En vacances, on s'amuse bien !
Surtout au bord de la mer...
D'après toi, qui est **mouillé**,
qui est **sec** ?

Caroline

David

Un ballon gonflé, c'est drôle !
Mais quand il éclate...
Dis-moi qui est **triste**,
qui est **gai** ?

Delphine

Max

Observe bien la niche...
Qu'y a-t-il à **l'intérieur** ?
à **l'extérieur** ?

Youpi

ses petits chiens

Le petit déjeuner est prêt...
Vite, à table ! Désigne
ce qui est **chaud**, ce qui est **froid**.

le jus d'orange

le bol de lait

Et si on se promenait en forêt ?
De ces deux animaux,
lequel est **rapide**,
lequel est **lent** ?

le hérisson

le lièvre

Une partie de cache-cache
avec son chien, c'est amusant !
Regarde l'arbre…
Qui est **devant**, qui est **derrière** ?

Jérôme

Youpi

Tu n'es plus un bébé maintenant...
Tu trouveras tout seul
qui est **debout**,
qui est **couché**.

Clément

Sylvie